TROUVE LES DIFFÉRENCES

STEVEN ROSEN

Texte français de Dominique Chichera

Éditions
■SCHOLASTIC

ISBN 978-0-545-98760-8
Titre original : Spot the differences

Édition publiée par les Éditions Scholastic, 604, rue King Ouest, Toronto (Ontario) M5V 1E1

5 4 3 2 1   Imprimé au Canada   09 10 11 12 13

Conception graphique des pages intérieures : Nancy Leonard et Steven Rosen
Conception graphique de la page de couverture : Becky Terhune
Montage des photos et retouches : Steven Rosen

Sources Mixtes
Groupe de produits issu de forêts bien
gérées et d'autres sources contrôlées.
www.fsc.org Cert no. SGS-COC-003098
© 1996 Forest Stewardship Council

FSC

À LA RECHERCHE DES DIFFÉRENCES!

Goûte au plaisir de résoudre des casse-tête en photos! Dans ce livre, tu trouveras 24 casse-tête divisés en 4 chapitres, un pour chaque saison de l'année. Chaque casse-tête présente deux images qui semblent tout à fait identiques à première vue, mais si tu les regardes attentivement, tu trouveras des différences entre les deux. Examine bien ce chapeau à rayures : les couleurs sont-elles les mêmes sur les deux images? Observe la pendule sur le mur : quelle heure est-il sur chaque image?

Le nombre de différences à trouver et le niveau de difficulté sont indiqués en haut de chaque page. Les réponses se trouvent aux pages 45 à 48. Ne triche surtout pas!

HIVE

PREMIÈRE NEIGE

6 différences

FACILE 👁

Emmitoufle-toi bien pour trouver les différences.

1

2

3

4

5

A   B   C   D   E

✎ Réponses à la page 45

TROUVE LES DIFFÉRENCES **5**

PISTE DANGEREUSE!

Attention! Ne tombe pas!

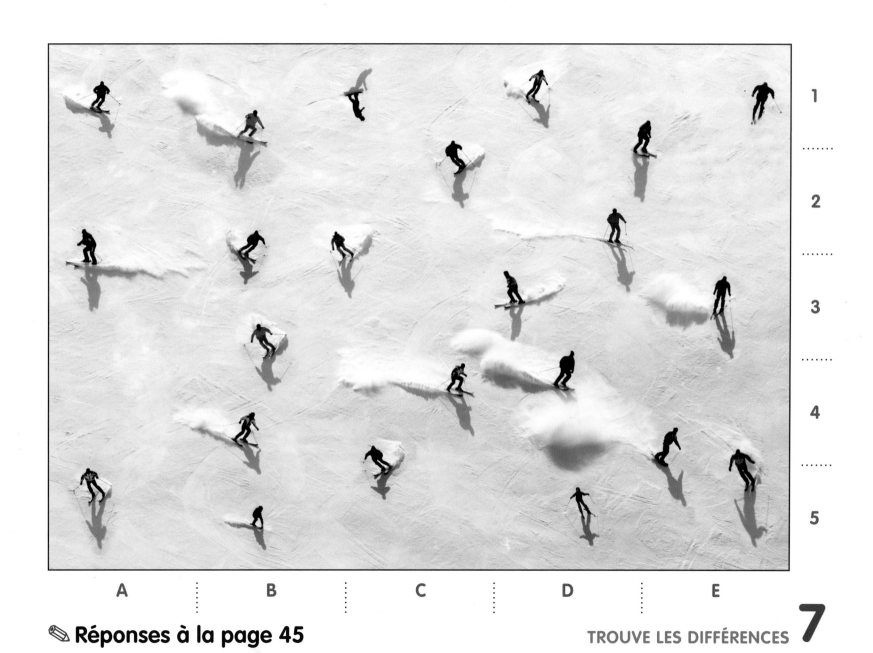

1

2

3

4

5

A   B   C   D   E

✎ Réponses à la page 45

TROUVE LES DIFFÉRENCES **7**

LE NOUVEL AN CHINOIS

Ne laisse pas ces dragons te décourager.

1

2

3

4

5

A   B   C   D   E

✎ **Réponses à la page 45**

TROUVE LES DIFFÉRENCES **9**

MORDS À BELLES DENTS!

Voici un casse-tête bien croustillant pour toi!

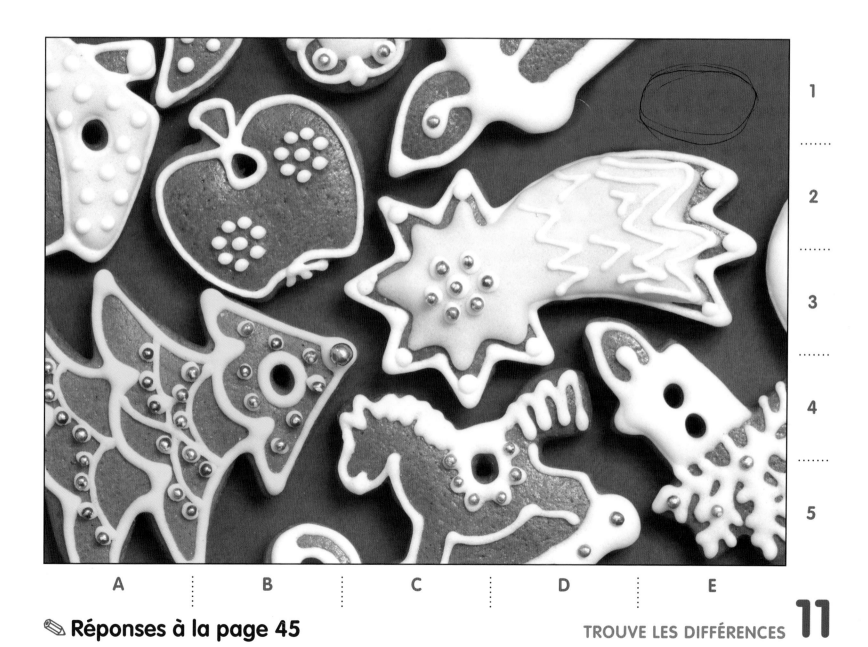

1
....
2
....
3
....
4
....
5

A　　　B　　　C　　　D　　　E

✎ **Réponses à la page 45**

TROUVE LES DIFFÉRENCES **11**

7 différences

👁 **MOYEN**

👁

ÉCHANGE DE CADEAUX

Déballe toutes les différences.

12 HIVER

1
2
3
4
5

A   B   C   D   E

✏️ **Réponses à la page 45**

TROUVE LES DIFFÉRENCES **13**

QUEL BEAU CASSE-NOISETTE!

À toi de te casser la tête!

1

2

3

4

5

A   B   C   D   E

✎ **Réponses à la page 45**

PRINTEMPS
PRINTEMPS
PRINTEMPS
PRINTEMPS
PRINTEMPS

DE PLUS EN PLUS HAUT!

Combien de différences flottent aux alentours?

1

2

3

4

5

A · B · C · D · E

Réponses à la page 46

TOUR DE MANÈGE

Ne te laisse pas étourdir!

6 différences

FACILE 👁

1
....
2
....
3
....
4
....
5

A   B   C   D   E

✎ **Réponses à la page 46**

☞ 5 différences

👁 **FACILE**

ÉCLOSION DES FLEURS

As-tu le pouce vert?

1

2

3

4

5

A   B   C   D   E

✎ **Réponses à la page 46**

10 différences

 DIFFICILE

NUÉE DE PAPILLONS
Trouve les différences avant qu'ils ne s'envolent au loin.

20 PRINTEMPS

1

2

3

4

5

A   B   C   D   E

✎ **Réponses à la page 46**

TROUVE LES DIFFÉRENCES **21**

OEUFS MULTICOLORES

Si tu as la vue brouillée, oublie ça!

1

2

3

4

5

A　　B　　C　　D　　E

✎ Réponses à la page 46

TROUVE LES DIFFÉRENCES **23**

DÉFI VERTICAL

Accroche-toi aux différences!

1

2

3

4

5

A B C D E

✎ Réponses à la page 46

ÉTÉ ÉTÉ ÉTÉ
ÉTÉ ÉTÉ ÉTÉ
ÉTÉ ÉTÉ ÉTÉ
ÉTÉ ÉTÉ ÉTÉ
ÉTÉ ÉTÉ ÉTÉ

9 différences

DIFFICILE

MÉLI-MÉLO DE BALLES

La balle est dans ton camp!

1

2

3

4

5

A   B   C   D   E

✏ **Réponses à la page 47**

PALAIS DE SABLE

Les détails font la différence!

9 différences

DIFFICILE

1

2

3

4

5

A   B   C   D   E

✎ **Réponses à la page 47**

TROUVE LES DIFFÉRENCES **27**

8 différences

👁 **MOYEN**

👁

DES BONDS ET DES REBONDS

Trouve les différences. Et que ça saute!

1
2
3
4
5

A   B   C   D   E

✎ Réponses à la page 47

TROUVE LES DIFFÉRENCES **29**

COMME UN POISSON DANS L'EAU
À vos marques! Prêts? Observez!

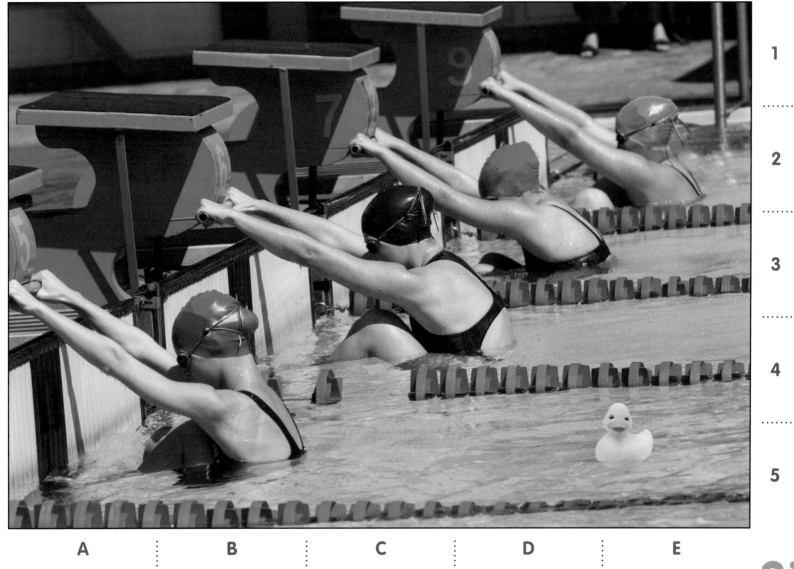

1

2

3

4

5

A　　　B　　　C　　　D　　　E

✎ **Réponses à la page 47**

TROUVE LES DIFFÉRENCES 31

PLAISIRS D'ÉTÉ
Allez! Jette-toi à l'eau!

1

2

3

4

5

A   B   C   D   E

Réponses à la page 47

DÉCOR RAYONNANT

Mets en lumière les différences!

8 différences

MOYEN

1

2

3

4

5

A B C D E

✏️ **Réponses à la page 47**

TROUVE LES DIFFÉRENCES **33**

AUTOMNE
AUTOMNE
AUTOMNE
AUTOMNE
AUTOMNE
AUTOMNE

HALLOWEEN

9 différences

Ce défi ne me fait pas peur!

DIFFICILE

1

2

3

4

5

A   B   C   D   E

✎ **Réponses à la page 48**

TROUVE LES DIFFÉRENCES **35**

SOURIRES DE CITROUILLES

Deux têtes valent mieux qu'une.

1

2

3

4

5

A   B   C   D   E

✎ **Réponses à la page 48**

TROUVE LES DIFFÉRENCES **37**

FOURNITURES SCOLAIRES
Peux-tu fournir les réponses?

38 AUTOMNE

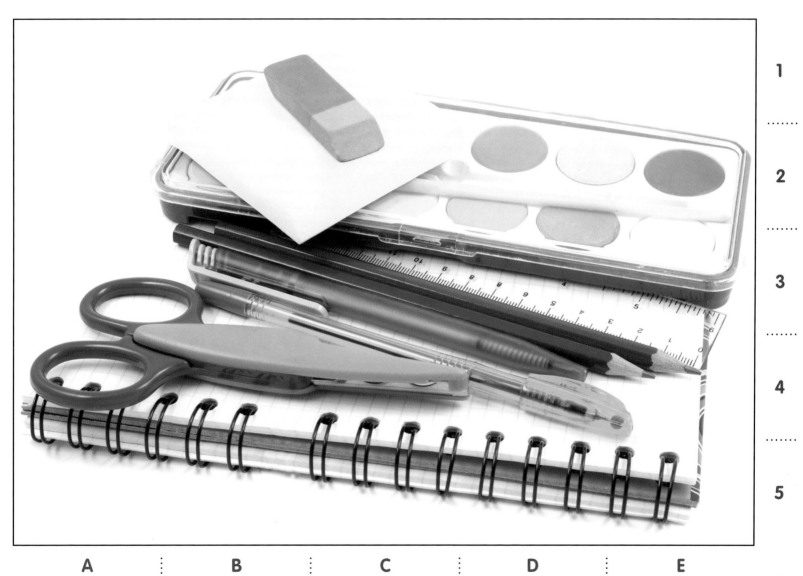

1

2

3

4

5

A B C D E

✎ **Réponses à la page 48**

FEUILLES D'AUTOMNE

☛ 10 différences

👁 **DIFFICILE**

👁

👁

Aussi belles que différentes!

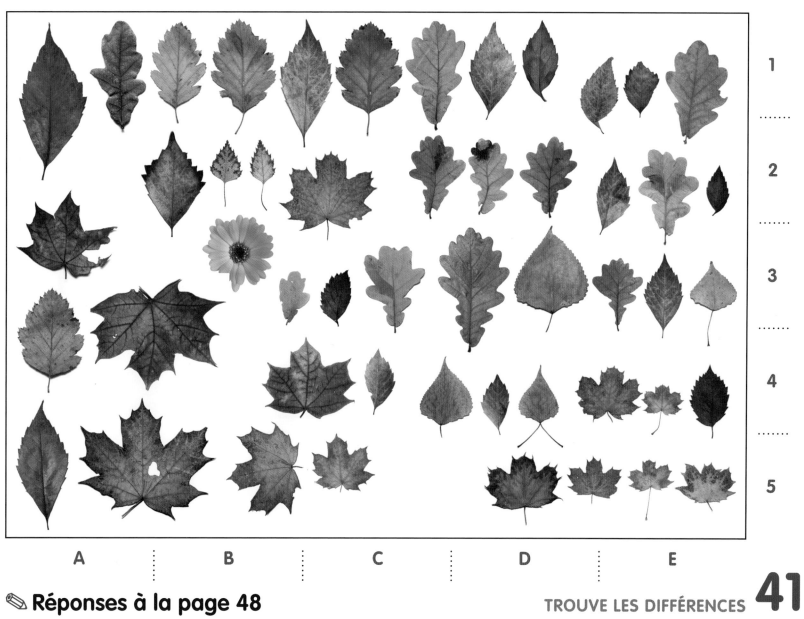

1

2

3

4

5

A   B   C   D   E

UNE MONTAGNE DE LIVRES?

Ne recule pas devant l'épreuve!

☞ 6 différences

👁 FACILE

1

2

3

4

5

A   B   C   D   E

✏ **Réponses à la page 48**

LE TEMPS DES RÉCOLTES

Cultive l'art de l'observation!

9 différences

MOYEN 👁

1

2

3

4

5

A B C D E

✎ **Réponses à la page 48**

RÉPONSES
RÉPONSES
RÉPONSES
RÉPONSES
RÉPONSES
RÉPONSES
RÉPONSES

HIVER

istockphoto © Sean Locke

Page 5 : Première neige

A1 : La corde jaune manque. C4 : Deux planches de la luge sont réunies en une seule. A3 : Un pompon manque. B3 : Une bande verte est ajoutée sur la tuque. D2 : Une couette manque. D3-D4 : Une bande orange manque sur le gant de la main droite.

istockphoto © Peter Mlekuž

Pages 6–7 : Piste dangereuse!

B1–C1 : Un skieur a maintenant la tête en bas. D2 : La gerbe de neige manque. E1 : L'ombre manque. B2 : Un skieur est ajouté. D2 : Le blouson orange est maintenant bleu. A2-A3 : Un skieur va dans la direction opposée. E3 : La gerbe de neige manque. A4 : Un skieur manque.

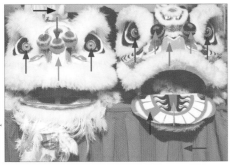

Stock Xpert ©

Pages 8–9 : Le Nouvel An chinois

B1 : La plume sur la tête du dragon est maintenant jaune. C1, E1 : Les yeux du dragon sont maintenant rouges. D1, E1 : Les pompons noirs et blancs sont maintenant rouges et noirs. A2, C2 : Les yeux du dragon sont maintenant verts. B2 : Un troisième pompon est ajouté sur le nez. B2 : Une bande rose manque sur le nez. D2 : Le nez est maintenant vert. D4 : Une dent manque. D4 : La langue est maintenant bleue. D5-E5 : Les cordelettes sous le menton manquent.

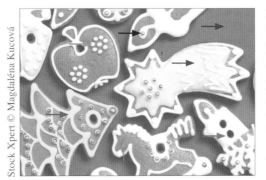

Stock Xpert © Magdaléna Kucová

Pages 10–11 : Mords à belles dents!

C1 : Une boule argentée est ajoutée à la flamme de la chandelle. E1 : Un biscuit manque. B1-B2 : Des points blancs sont ajoutés sur la pomme. D2 : Le trou manque sur la queue de l'étoile filante. A4-B4 : Le glaçage est maintenant rose. C4 : Les yeux du cheval manquent. E4 : Un trou supplémentaire sur la bougie.

istockphoto © Kristian Sekulic

Pages 12–13 : Échange de cadeaux

D1 : Une étoile manque sur la tuque. B2 : Les étoiles sur la tuque sont maintenant vertes. B3 : Le ruban rouge est maintenant jaune. D3 : Le ruban bleu manque. B4 : Le nœud bleu est maintenant de l'autre côté du paquet. D4 : Le bracelet manque. D5 : Le tee-shirt est maintenant violet.

Lucky Oliver © Alysta Company

Page 14 : Quel beau casse-noisette!

C1 : La plume du chapeau est maintenant verte. D1 : La boule de Noël violette est maintenant argentée. A2 : L'ornement de Noël doré manque. B3 : Les épaules sont maintenant bleues. C4 : Un X est ajouté dans les carrés sur la veste. B4-B5 : Deux boutons sont maintenant sur la ceinture. C4 : Un bouton manque sur la veste. A4-B4 : La bande sur la manche est maintenant rouge. C4 : Le dessin sur la boucle de la ceinture manque.

PRINTEMPS

istockphoto © Steve Krull

Page 16 : De plus en plus haut!
A1 : Une colline manque. B1 : Pas de points sur le ballon jaune. C1 : Un ballon ajouté. B3 : Les marques roses au centre du ballon bleu manquent. C5 : Un bateau manque au bas de l'image.

istockphoto © Dave Logan

Page 17 : Tour de manège
C1 : Une lumière manque. C2 : Le motif autour de la pierre est maintenant bleu. B2 : La pierre bleue est maintenant jaune. A3 : Trois feuilles manquent. B2-B5 : Une rose jaune ajoutée. D5-E5 : Le motif rose est maintenant bleu.

istockphoto © Beata Becla

Pages 18–19 : Éclosion des fleurs
B3 : La fleur blanche est maintenant jaune. C5 : Le pot bleu et blanc est maintenant rose et blanc. D3 : Le centre de la fleur est maintenant jaune. D4 : Une feuille ajoutée. A1 : Un pétale a été retiré.

istockphoto © Bershadskyy Yurig

Pages 20–21 : Nuée de papillons
B1 : Le papillon bleu et noir manque. D1 : Le papillon jaune est maintenant bleu. A2 : Le papillon noir et turquoise remplace le papillon orange. C2 : Des motifs ont été ajoutés au grand papillon blanc. D2-E2 : Le corps du papillon est maintenant jaune. C3 : Une chenille a été ajoutée. D3-D4 : Le papillon orange remplace le papillon noir et turquoise. A5 : La moitié du papillon manque. C5 : Un motif blanc a été ajouté au bas du papillon bleu et noir. D4-E4 : Les antennes manquent.

istockphoto © Slawomir Jastrzebski

Pages 22–23 : Œufs multicolores
A4 : La bande verte manque. B4 : Les points verts sont maintenant rouges. B4-C4 : Le ruban manque. C4-D4 : L'œuf blanc est maintenant jaune. D4 : Un poussin sort de l'œuf. E4 : L'œuf est à l'envers. E5 : Le support manque.

Lucky Oliver © Ivonne Wierink

Page 24 : Défi vertical
A1 : Une roche noire a été ajoutée au mur. C1 : Le nœud de la corde est plus haut. C1 : Un cercle orange manque. A2 : Le cercle rouge est maintenant carré. C2 : Le capuchon est maintenant jaune. B4 : Les motifs de la chaussure manquent. D4 : Une roche jaune manque. E5 : Le cercle orange est maintenant vert.

ÉTÉ

istockphoto © Chris Schmidt

Page 26 : *Méli-mélo de balles*
A1 : La balle rouge est maintenant bleue. B1 : Le centre de l'étoile est maintenant vert. E1-E2 : Les triangles rouges et noirs sont maintenant alternés. B2 : Une étoile rouge sur le dessus de la balle. C3 : Les triangles verts sont maintenant roses. C4 : La balle est retournée. E4 : Un cercle vert est ajouté sur le dessus de la balle. A5 : L'intérieur des lignes noires est rempli. D5 : Les étoiles manquent sur la balle rouge.

Stock Xpert © Robyn Mackenzie

Page 27 : *Palais de sable*
B1 : Des nuages ajoutés. C1 : Un drapeau ajouté. D2 : Voilier ajouté. A2-B2 : Une tourelle ajoutée. C2 : La fenêtre ronde manque. E3 : La fenêtre ronde est maintenant carrée. C4 : Une fenêtre ronde ajoutée. D5 : Une porte ajoutée. A5 : Un seau ajouté.

istockphoto © Justin Horrocks

Pages 28–29 : *Des bonds et des rebonds*
A1–B1 : La maison est maintenant rose. B2-C2 : Un carreau de verre est ajouté à la fenêtre. B3 : La porte est maintenant bleue. C1 : Un avion ajouté. A4-B4 : Des pissenlits ont été ajoutés. D3-E3 : Une bande ajoutée sur le tee-shirt. D4-E4 : Un cercle est ajouté au ballon. E1-E2 : Le poteau de téléphone manque.

Lucky Oliver © Gert Vreg

Pages 30–31 : *Comme un poisson dans l'eau*
D1 : Le chiffre 8 est remplacé par le chiffre 9. B2 : Le chiffre 6 manque. D2 : La bande manque sur le bonnet de bain rouge. E2 : Le bonnet de bain jaune est maintenant bleu. E2 : La ligne rouge de séparation au fond manque. E5 : Un canard jaune en plastique a été ajouté.

istockphoto © Marzanna Syncerz

Page 32 : *Plaisirs d'été*
E1 : Un avion a été ajouté. C2 : Le palmier manque. D2 : Le ballon de plage est retourné. A4-B4 : Le costume de bain du garçon est maintenant orange. C5 : Le seau est maintenant violet. E5 : Le trou dans le costume de bain de la fillette manque.

istockphoto © Galina Barskaya

Page 33 : *Décor rayonnant*
C1 : L'horloge indique maintenant 6 heures. D1 : Un rayon jaune manque. E1 : La lucarne manque. A2 : Le portrait du bébé est dirigé dans l'autre direction. B1-B2 : Le chiffre 9 est remplacé par le chiffre 3. E3 : La page de couverture verte du livre sur les chiens est maintenant bleue. C4 : Le bouton du tiroir du milieu a été ajouté. E4 : Le bouton du tiroir du haut de la commode manque.

AUTOMNE

istockphoto © Jami Bryson

Page 35 : Halloween

A2 : Le diadème manque. C1 : Le pompon a été ajouté. D2 : Le nez est maintenant bleu. A3-B3 : La ceinture manque. B3-C3 : Le col de la chemise est maintenant vert. A4-B4 : Les yeux sur la citrouille sont remplis de noir. D4 : Le visage n'apparaît pas sur la citrouille. E3-E4 : La queue manque. B5-C5 : Les fleurs sur les chaussures sont maintenant jaunes.

istockphoto © Jim Jurica

Pages 36–37 : Sourires de citrouilles

D1 : Une troisième fleur est ajoutée au chapeau. D2 : Les yeux sont maintenant verts. D2-D3 : Le nez est plus petit. B3 : Les fleurs sur le chapeau manquent. D3 : Les dents sont ajoutées dans la bouche. B4-C4 : Les sourcils manquent. D4 : Le col roulé est maintenant bleu. A5 : Un bouton a été ajouté.

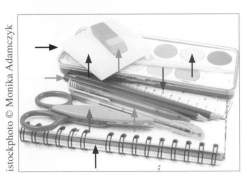

istockphoto © Monika Adamczyk

Pages 38–39 : Fournitures scolaires

A2 : La poignée de la boîte de peinture manque. B2 : Le taille-crayon manque. C2 : La bande blanche sur la gomme manque. D2-E2 : La peinture verte est maintenant jaune. D3 : Le chiffre 7 sur la règle est remplacé par le chiffre 8. B3-C3-D4-E4 : Le crayon rouge est maintenant bleu. B4 : Le point jaune sur les ciseaux manque. B5 : Une spirale manque sur l'agenda.

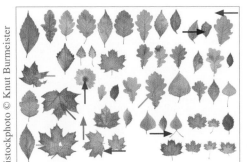

istockphoto © Knut Burmeister

Pages 40–41 : Feuilles d'automne

D1–E1 : La feuille rouge est maintenant verte. E1 : La feuille horizontale manque. A3 : Le trou dans la feuille manque. B3 : Une fleur remplace la feuille. A3-B3 : La feuille est retournée. D3 : La feuille jaune est maintenant rouge. B4 : La petite feuille jaune manque. D4 : Une tige a été ajoutée. B5 : Un trou est ajouté à la feuille. B5 : La feuille est tournée sur le côté.

Lucky Oliver © Thomas Perkins

Page 42 : Une montagne de livres?

B1 : Une orange remplace la pomme. B2 : La couverture verte du livre est maintenant rouge. D3 : Le bracelet de la fillette manque. D3 : Le livre que tient la fillette est maintenant vert. D3-E3 : Le sac à dos est maintenant vert. D5 : La fleur sur la chaussure manque.

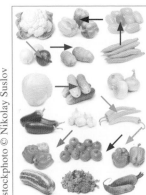

istockphoto © Nikolay Suslov

Page 43 : Le temps des récoltes

C1 : Des poivrons remplacent les tomates. D1 : Une tomate jaune est maintenant rouge. B2 : Un oignon blanc est maintenant violet. C2 : Une pomme de terre manque. C3 : Des concombres remplacent les épis de maïs. D3-D4 : Les poivrons rouges sont maintenant jaunes. B4 : Des poivrons verts remplacent les poivrons rouges. C4 : Des tomates remplacent les poivrons. E4 : Un poivron manque.